LE PROFESSEUR VOLT EST UN SCIENTIFIQUE CÉLÈBRE. IL A CONÇU CETTE MACHINE À VOYAGER DANS LE TEMPS POUR LA FAMILLE STILTON. LEUR MISSION : DÉFIER LES CHATS PIRATES ET SAUVER L'HISTOIRE!

RATONAUTILUS

ZKII ZIIK

Geronimo Stilton

STILTON, LES OLYMPIQUES SONT EN DANGER!

ÉDITIONS origo

À l'origine d'une belle aventure!

Texte de Geronimo Stilton.
Coordination éditoriale par Patrizia Puricelli.
Coordination artistique par BAO Publishing.
Thème et scénario de Leonardo Favia.
Illustrations Federica Salfo *(dessin) et* Mirka Andolfo *(couleurs).*
Mise en page par Lorenzo Bolzoni.
Illustration de la couverture par effeeffestudios.
Conception graphique de la couverture par Marta Lorini.

Titre original : Hai salvato le Olimpiadi, Stilton!
*Basé sur l'idée originale d'*Elisabetta Dami.

Traduction par Claude Dubois

www.geronimostilton.com

Stilton est le nom d'un célèbre fromage anglais. C'est une marque déposée de Stilton Cheese Makers' Association.
Pour plus d'information, consultez le www.stiltoncheese.com

Édition canadienne
Les Éditions Origo
Boîte postale 4
Chambly (Québec) J3L 4B1
Canada
Téléphone : 450 658-2732
Courriel : info@editionsorigo.com

Imprimé en Thaïlande
Gouvernement du Québec – Programme de crédit d'impôt pour l'édition de livres – Gestion SODEC

TOUT A COMMENCÉ PAR UNE MATINÉE ÉPUISANTE AU CENTRE SPORTIF DE SOURISIA...

JE ME TROUVAIS EN COMPAGNIE DE PATTY ET DE MON AMI CHACAL QUI M'AVAIT ENTRAÎNÉ DANS SES ACTIVITÉS SUPER SPORTIVES, COMME D'HABITUDE!

COURAGE, GERONIMO, JE TE VEUX **TONIQUE TONIQUE TONIQUE!**

PFF PFF PFF!

ALLEZ, GERONIMO! NOUS NE COURONS QUE DEPUIS QUELQUES MINUTES!

UN ESPRIT SAIN DANS UN CORPS SAIN, C'EST LA SEULE FAÇON DE TIRER LE MAXIMUM DE LA VIE!

MAIS J'ÉTAIS SEULEMENT VENU ACCOMPAGNER MON NEVEU BENJAMIN...

3

EXCUSEZ-MOI, À CAUSE DE LA FATIGUE, J'AI OUBLIÉ DE ME PRÉSENTER : MON NOM EST STILTON, GERONIMO STILTON, ET JE DIRIGE *L'ÉCHO DU RONGEUR*, LE JOURNAL LE PLUS RÉPUTÉ DE L'ÎLE DES SOURIS!

ALLEZ, FROMAGINET, FAISONS QUELQUES ÉTIREMENTS ENSEMBLE!

OÙ EST BENJAMIN?

SUR LE TERRAIN DE SOCCER À CINQ*, J'ARRIVE À LE VOIR D'ICI.

PEUT-ÊTRE QUE NOUS DEVRIONS NOUS RAPPROCHER, ILS ONT PRESQUE FINI.

HEIN?

QU'EST-CE QU'IL Y A?

LE GARDIEN DE L'ÉQUIPE ADVERSE...

... NE T'APPARAÎT PAS FAMILIER?

*N.D.T. : LE SOCCER À 5 (FOOT À 5) EST UNE VARIANTE DU SOCCER QUI SE JOUE À CINQ JOUEURS (QUATRE JOUEURS DE CHAMP ET UN GARDIEN DE BUT) SUR DES TERRAINS DONT LES DIMENSIONS SONT TRÈS PROCHES D'UN TERRAIN DE HANDBALL.

DERNIER JEU! LA PASSE!

TRiiiiiiHH

ALORS, BENJAMIN, COMMENT S'EST PASSÉE LA PARTIE?

PAS SI BIEN, MON ONCLE...

TRAQUENARD A REMPLACÉ UN DE NOS AMIS DEVANT LE **FILET** ET, COMME IL N'A PAS COMPRIS À QUOI NOUS JOUONS, IL EST VENU HABILLÉ EN GARDIEN DE BUT DE HOCKEY!

EN FAIT, IL OCCUPAIT **TOUT** L'ESPACE DANS LE BUT!

HÉ, COUSIN! TU AS VU? QUELLE BELLE PARTIE!

JE VOIS QUE TA PRÉSENCE EST TOUJOURS... *ENCOMBRANTE!*

JE NE COMPRENDS PAS COMMENT ILS FONT POUR JOUER HABILLÉS COMME ÇA AVEC TOUTE CETTE CHALEUR!

C'EST JUSTE QUE LE HOCKEY N'A RIEN À VOIR AVEC...

ATTENTION, MON ONCLE!

TOC

AÏE!

MAIS QUI JOUE AU GOLF? IL N'Y A AUCUN TERRAIN DE GOLF ICI!

ÇA PREND QUAND MÊME TOUT UN SWING!

CEPENDANT, IL Y A DES TERRAINS DE VOLLEY-BALL, DE BASKETBALL ET DE TENNIS!

ET QUEL RAPPORT Y A-T-IL?

MAIS QU'EST-CE QU'IL SE PASSE?!

ÉTRANGE! IL EST PLUS **PESANT** QU'UN BALLON NORMAL...

GERONIMO! GERONIMO!

OUI?

GERONIMO, C'EST MOI, LE PROFESSEUR VOLT!

VOUS VOUS ÊTES MIS AU **SPORT,** PROFESSEUR?!

JE VOUS AI SUIVIS, MAIS JE N'AVAIS AUCUN MOYEN DE VOUS CONTACTER AUTREMENT QU'AVEC CES BALLES TÉLÉCOMMANDÉES. J'AI VISÉ GERONIMO, MAIS J'ESPÈRE NE PAS AVOIR ÉTÉ TROP ENVAHISSANT.

QUE DIRIEZ-VOUS DE ME FAIRE APPELER PAR LES **HAUT-PARLEURS** DU CENTRE SPORTIF, À LA PLACE?

JE N'Y AVAIS PAS PENSÉ... CE SERA POUR LA PROCHAINE FOIS. DE TOUTE FAÇON, NE PERDEZ PAS DE TEMPS ET REJOIGNEZ-MOI AU LABORATOIRE, C'EST URGENT! *CASIER A-13!* BZZZZZZ

JE CROIS QU'IL A RACCROCHÉ...

IL A PARLÉ DU CASIER A-13, MAIS QU'EST-CE QU'IL VOULAIT DIRE?

JE NE SAIS PAS CE QUI SE PASSE, MAIS JE SAIS OÙ TROUVER LE CASIER A-13, SUIVEZ-MOI!

MON ONCLE, S'IL S'AGIT DES CHATS PIRATES, COMMENT ALLONS-NOUS FAIRE POUR TOUT EXPLIQUER À CHACAL?

CHACAL EST UN GENTILRAT. IL NOUS AIDERA ET GARDERA SECRETS NOS VOYAGES DANS LE TEMPS...

VESTIAIRES

... ET PUIS, JE CROIS QU'IL EST MAINTENANT TROP TARD POUR L'ARRÊTER!

9

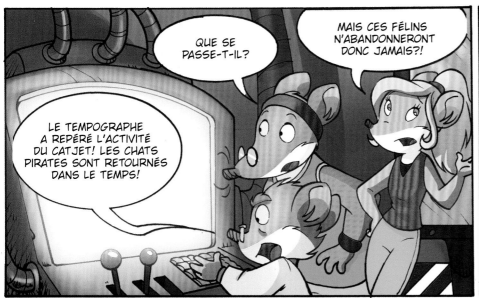

QUE SE PASSE-T-IL?

MAIS CES FÉLINS N'ABANDONNERONT DONC JAMAIS?!

LE TEMPOGRAPHE A REPÉRÉ L'ACTIVITÉ DU CATJET! LES CHATS PIRATES SONT RETOURNÉS DANS LE TEMPS!

JE VOIS QU'ILS SONT RETOURNÉS AU PRINTEMPS DE 1896, À ATHÈNES. CE QUI VEUT DIRE...

... LES PREMIERS JEUX OLYMPIQUES MODERNES!

EUH, OUI. C'EST EXACT!

CHACAL, JE NE TE SAVAIS PAS EXPERT EN **HISTOIRE**.

LES JEUX OLYMPIQUES ANTIQUES FURENT DES FÊTES ATHLÉTIQUES ET RELIGIEUSES QUI SE DÉROULÈRENT DANS L'ANTIQUE VILLE GRECQUE D'OLYMPIE, DE 776 AV. J.-C. À 393 DE NOTRE ÈRE. DANS L'ANTIQUITÉ, IL Y EUT EN TOUT 292 ÉDITIONS DES JEUX OLYMPIQUES. LES JEUX OLYMPIQUES MODERNES FURENT INSTITUÉS EN 1894 LORSQUE PIERRE DE FRÉDY, BARON DE COUBERTIN, LES VIT COMME UN MOYEN DE PROMOUVOIR LA COMPRÉHENSION ENTRE LES NATIONS À TRAVERS LA COMPÉTITION SPORTIVE.

IL N'EST PAS SEULEMENT QUESTION D'HISTOIRE, MAIS AUSSI DE SPORT!

CHACAL, TU COMPRENDS VRAIMENT DE QUOI NOUS SOMMES EN TRAIN DE PARLER?

VOYAGES DANS LE TEMPS. JEUX OLYMPIQUES. CHATS PIRATES. O.K. BIEN REÇU!

IL A COMPRIS, C'EST VRAIMENT UN RONGEUR TRÈS ALLUMÉ!

14

ENTRE-TEMPS, NOUS ARRIVIONS NOUS AUSSI À ATHÈNES.

ATHÈNES, 5 AVRIL 1896, LA VEILLE DE LA PREMIÈRE OLYMPIADE DE L'ÈRE MODERNE.

JE NE CROYAIS PAS QU'IL Y AVAIT EU AUTANT DE MONDE POUR LA PREMIÈRE OLYMPIADE MODERNE!

LES JEUX OLYMPIQUES MODERNES

LES JEUX OLYMPIQUES SE TENAIENT TOUS LES QUATRE ANS. L'ENDROIT ÉTAIT CHOISI PAR LE COMITÉ INTERNATIONAL OLYMPIQUE. L'ÉVÉNEMENT PERMETTAIT LA COMPÉTITION ENTRE LES MEILLEURS ATHLÈTES DU MONDE DANS PRESQUE TOUTES LES DISCIPLINES SPORTIVES PRATIQUÉES SUR LES CINQ CONTINENTS. LE NOM DES JEUX OLYMPIQUES A ÉTÉ CHOISI POUR RAPPELER LES JEUX QUI SE DÉROULAIENT DANS L'ANCIENNE GRÈCE, PRÈS DE LA VILLE D'OLYMPIE, DANS LESQUELS S'AFFRONTAIENT LES MEILLEURS ATHLÈTES GRECS.

16

17

6 AVRIL 1896. C'EST L'INAUGURATION DE LA PREMIÈRE OLYMPIADE MODERNE.

LA CÉRÉMONIE D'OUVERTURE - AU STADE PANATHINAIKO, SE TROUVAIENT ENVIRON 80 000 PERSONNES PARMI LESQUELLES LA FAMILLE ROYALE. LE ROI GEORGES OUVRIT OFFICIELLEMENT LES JEUX. ENSUITE, 9 GROUPES ET 150 CHORISTES ENTONNÈRENT L'HYMNE OLYMPIQUE, COMPOSÉ POUR L'OCCASION PAR SPYRIDON SAMARAS, AVEC LES PAROLES DU POÈTE KOSTIS PALAMAS, HYMNE QUI SERA DÉCLARÉ OFFICIEL PAR LE C.I.O. (LE COMITÉ INTERNATIONAL OLYMPIQUE) EN 1958 ET RÉINTRODUIT À PARTIR DES JEUX OLYMPIQUES DE TOKYO EN 1964.

AU CENTRE, C'EST LA FAMILLE ROYALE DE GRÈCE, ET CELUI AU MICROPHONE EST LE ROI, GEORGES 1ᴱᴿ

JE DÉCLARE LES PREMIERS JEUX OLYMPIQUES INTERNATIONAUX D'ATHÈNES *OUVERTS*...

CLAP CLAP CLAP CLAP CLAP CLAP CLAP CLAP

QUE D'ÉMOTIONS...

MAIS NOUS DEVONS RESTER CONCENTRÉS POUR DÉJOUER LES PLANS DES CHATS!

NOUS VERRONS S'ILS AURONT ENCORE ENVIE DE LES *APPLAUDIR*, LORSQUE NOUS, LES CHATS, GAGNERONS TOUTES LES COMPÉTITIONS !

MARINA DE ZEA, LE PIRÉE.

ET AINSI VINT LE JOUR DE LA PREMIÈRE COMPÉTITION, LES CENT MÈTRES DE NAGE.

LES NAGEURS ÉTAIENT TOUS PRÊTS À PARTIR...

... À UNE EXCEPTION PRÈS!

MAIS ÊTES-VOUS SÛRS QUE JE DOIVE PARTICIPER À CETTE COMPÉTITION?

C'EST LA COMPÉTITION LA PLUS FACILE POUR TOI, GERONIMO! TU NE RÉUSSIRAS JAMAIS À SOULEVER DES POIDS OU À COURIR UN MARATHON. MIEUX VAUT FAIRE 100 MÈTRES À LA NAGE, NON?

OUI, MAIS JE PENSAIS LE FAIRE DANS UNE PISCINE...

CE RONGEUR A BEAUCOUP D'AVANCE!

ET GERONIMO NE LE RATTRAPE PAS VRAIMENT...

NOUS SOMMES VRAIMENT PARTIS DE LA MAUVAISE PATTE... AVEC CE MAILLOT, CATARDONE GAGNERA FACILEMENT.

NOUS SOMMES PARTIS DEPUIS QUELQUES MÈTRES SEULEMENT ET JE LES ÉCRASE DÉJÀ! CE MAILLOT EST UN PRODUIT MIRACLE!

DÉJÀ QUE JE NE SUIS PAS LE MEILLEUR RAT POUR CETTE DISCIPLINE, ET ENSUITE CATARDONE TRICHE! MAIS PEUT-ÊTRE...

PUIS CE FUT LA COMPÉTITION D'HALTÉROPHILIE.

IL N'Y AVAIT PAS ENCORE DE DISTINCTION PAR CATÉGORIE DE POIDS. LES ATHLÈTES DEVAIENT PASSER UNE SÉRIE DE SÉLECTIONS...

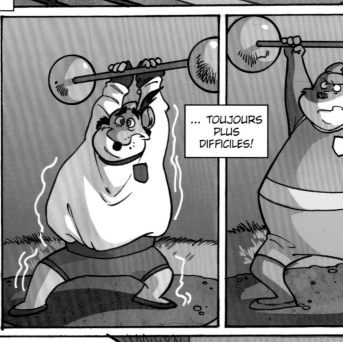

... TOUJOURS PLUS DIFFICILES!

JE NE CROYAIS PAS QUE TRAQUENARD TENAIT UNE TELLE **FORME!**

BIEN, DISONS QUE PENDANT TOUTES CES ANNÉES, IL S'EST TOUJOURS ENTRAÎNÉ...

SAUT EN LONGUEUR...

... COURSE À OBSTACLES...

... ET MÊME À SOULEVER DES POIDS!

CIMENT FRAIS

JE NE COMPRENDS PAS COMMENT CE RONGEUR ARRIVE À SOULEVER CES POIDS COMME SI DE RIEN N'ÉTAIT... ET SI C'ÉTAIT UN AUTRE CHAT PIRATE? CE PHYSIQUE... ON DIRAIT BONZO!

ALORS, COMMENT VA NOTRE APPAREIL? AS-TU EU UN PROBLÈME QUELCONQUE?

LE MULTIPLICATEUR DE PUISSANCE À RESSORTS À **PILES** FONCTIONNE À MERVEILLE!

FAIS SEULEMENT ATTENTION À NE PAS TE FAIRE PRENDRE, NOUS NE POUVONS PAS ÉCHOUER CETTE FOIS!

27

VOICI LES PARTICIPANTS À LA FINALE! BONZOS FELIXTAKIS, DE LA RÉPUBLIQUE DE CHATONIE!

TRAQUENARD STILTON, DE L'ÎLE DES SOURIS! ET VIGGO JENSEN, DU DANEMARK!

BONZOS, QUI S'EST CLASSÉ PREMIER POUR LA FINALE, DÉCIDERA DU POIDS AVEC LEQUEL NOUS ALLONS COMMENCER!

JE SOULÈVERAI 100 KILOGRAMMES!

QUOI? MAIS PERSONNE N'A JAMAIS SOULEVÉ UN TEL POIDS!

EUH?!

SI SEULEMENT NOUS RÉUSSISSIONS À COMPRENDRE COMMENT BONZO CROIT POUVOIR RÉUSSIR!

PERSONNE N'ARRIVE À LE CROIRE! COMMENT VONT-ILS FAIRE?

29

NON, IL NE S'AGIT PAS ICI DE CONCENTRATION, MAIS BIEN DE MOTIVATION!

TRAQUENARD, SI TU RÉUSSIS À SOULEVER 100 KILOGRAMMES, JE T'OFFRIRAI UN DÎNER AU RESTAURANT « LE FROMAGE D'OR » DE SOURISIA!

UNE ENTRÉE, ET DEUX PLATS?

ET LES DESSERTS AUSSI.

AVEC LES DESSERTS?!

OÙ EST CE TRUC QUE JE DOIS SOULEVER?

NHNNNGGG...

FROMAGE D'OR, ME VOICI!

HOURRA!

C'EST LE TOUR DE BONZOS!

LA PROCHAINE FOIS, IL DEVRA SOULEVER 150 KILOGRAMMES...

QUOI?

BIP BIP BIP BIP

LES PILES DE L'APPAREIL SONT À PLAT... ET MAINTENANT, COMMENT VAIS-JE FAIRE?

JE DOIS LES CHANGER, MAIS OÙ VAIS-JE TROUVER DES **PILES** EN 1896?

DÊPÊCHE, OU ILS VONT TE DISQUALIFIER!

ESSAYONS-NOUS, C'EST TOUJOURS MIEUX QUE D'ENTENDRE HURLER CATARDONE...

OHHHH...

JOUR DE PAUSE DANS LES COMPÉTITIONS.

CES JEUX OLYMPIQUES SONT SI *FATIGANTS* QUE JE M'EN RETOURNERAIS VOLONTIERS À LA MAISON!

BONZO, RÉDUIS LA VOILURE*!

*ARRÊTE DE TE DONNER DES AIRS

TU N'AS PAS RÉUSSI À GAGNER, MÊME EN TRICHANT!

VOICI LES CHAUSSURES, JE LES AI CONSERVÉES DANS LE CATJET, ÇA ME SEMBLAIT L'ENDROIT LE PLUS SÛR.

MHM...

JE N'AI PAS ENCORE COMPRIS COMMENT ELLE PENSE GAGNER LE MARATHON AVEC ÇA. CE NE SONT QUE DES ESPADRILLES!

OHHHH! ÇA DEVRAIT SUFFIRE POUR AUJOURD'HUI.

COMMENT TE SENS-TU? TRÈS FATIGUÉ?

JE DOIS... PFF PFF... SEULEMENT REPRENDRE MON SOUFFLE.

ES-TU SÛR QUE TOUT VA BIEN? D'HABITUDE, TU N'ES JAMAIS FATIGUÉ!

LE MARATHON EST UNE COMPÉTITION TRÈS SPÉCIALE, PARCE QU'IL NE S'AGIT PAS SEULEMENT DE VITESSE, MAIS AUSSI DE RÉSISTANCE À L'EFFORT PHYSIQUE.

PLUS DE 40 KILOMÈTRES? JE NE RÉUSSIRAIS PAS À LE FAIRE EN UN MOIS!

LE MARATHON EST UNE COURSE SUR UNE DISTANCE DE 42,195 KILOMÈTRES. C'EST L'ÉVOCATION SPORTIVE D'UN ÉVÉNEMENT ÉPIQUE : LA COURSE DE PHIDIPPIDÈS DE LA VILLE DE MARATHON À L'ACROPOLE D'ATHÈNES POUR ANNONCER LA VICTOIRE SUR LES PERSES EN L'AN 490 AV. J-C.

DONC IL N'EST PAS IMPORTANT DE PARTIR VITE, CE QUI COMPTE, C'EST LA RÉSISTANCE!

PLUSIEURS SE SONT RETIRÉS JUSTE AVANT LE DÉPART PARCE QU'ILS NE PENSAIENT PAS ÊTRE À LA HAUTEUR DU DÉFI!

GLOUP...

SI SEULEMENT NOUS ARRIVIONS À SAVOIR LEQUEL D'ENTRE EUX EST UN CHAT...

ÇA ME SEMBLE ÉVIDENT... REGARDE LES CHAUSSURES QUE PORTE CE TYPE ÉTRANGE!

OÙ SONT TES AMIS CHATS? SONT-ILS PRÊTS À S'ENFUIR?

IL EST ENCORE TEMPS DE TE RETIRER SI TU VEUX!

NON, AU CONTRAIRE! ILS M'ATTENDENT AU STADE PANAITHINAKO POUR FÊTER!

À VOS MARQUES! PRÊTS!

PARTEZ!

10ᴱ KILOMÈTRE.

COMMENT ÇA VA, CHACAL?

BIEN, MAIS NE ME LE DEMANDE PAS TOUTES LES **5 MINUTES!**

ON DIRAIT QU'IL Y A UN PROBLÈME SUR LE TRAJET DU GROUPE, ALLONS VOIR!

TIENS BON! NOUS REVENONS TOUT DE SUITE!

MAINTENANT QUE JE N'AI PLUS LES ARBITRES DANS LES PATTES, JE PEUX ME LAISSER ALLER!

OUPS! QUE JE SUIS DISTRAITE!

40

MAIS QU'EST-CE QUE VOUS FAITES ICI?

UN DES COUREURS S'EST ARRÊTÉ POUR BOIRE ET NOUS SOMMES RESTÉS...

... POUR VÉRIFIER LE DÉROULEMENT.

HUM... CONTINUE, CHACAL, NOUS TE REJOINDRONS BIENTÔT.

ET VIVE L'ESPRIT OLYMPIQUE!

TRÈS BIEN, MAIS JE VOUS CONSEILLE DE NE PAS TROP VOUS ATTARDER!

35ᵉ KILOMÈTRE.

PFF PFF... MAIS COMMENT FAIT-IL POUR CONTINUER À CE RYTHME?

L'IDÉE QUE VOUS, LES CHATS, PUISSIEZ SABOTER CES HISTORIQUES JEUX OLYMPIQUES ME DONNE UN SURCROÎT D'ÉNERGIE!

ET AINSI, CHACAL TERMINA LA COURSE, MÊME S'IL N'ÉTAIT PAS DANS LES TROIS PREMIERS!

CELUI QUI ARRIVA LE PREMIER REÇUT UNE COURONNE D'OLIVIER, UNE PIÈCE DE MONNAIE ET UNE COUPE D'ARGENT...

... ET LES APPLAUDISSEMENTS D'UNE NATION ENTIÈRE!

ATHÈNES, LE 15 AVRIL 1896 :
CÉRÉMONIE DE CLÔTURE.

45

PENDANT QUE LES PARTICIPANTS À LA PREMIÈRE OLYMPIADE MODERNE RECEVAIENT DES APPLAUDISSEMENTS BIEN MÉRITÉS...

... LES CHATS PIRATES NE S'ÉTAIENT PAS RÉSIGNÉS.

JE T'AI!

AU VOLEUR! IL A VOLÉ LE SCEPTRE DU ROI!

VOUS NE NOUS PRENDREZ PAS, CETTE FOIS!

LES CHATS PIRATES NE SE SONT PAS ENCORE RENDUS!

NE T'EN FAIS PAS, TU N'AS PAS ENCORE VU VERS QUI ILS SE DIRIGENT!

DÉPÊCHONS-NOUS À REJOINDRE LE **CATJET** ET À REVENIR AU PRÉSENT!

SPLAF!

CECI NE T'APPARTIENT PAS!

CETTE FOIS, VOUS AVEZ GAGNÉ, RONGEURS, MAIS ON SE REVERRA BIENTÔT!

VINT ENFIN LE MOMENT DE REVENIR, HEUREUX DE NOTRE VICTOIRE OLYMPIQUE SUR LES CHATS PIRATES!

ALORS? COMMENT ÇA S'EST PASSÉ?

C'ÉTAIT FANTASTIQUE, CHACAL S'EST RENDU AU BOUT DU MARATHON!

ET POUR TOI, GERONIMO? COMMENT C'EST ALLÉ?

POURQUOI N'IRIONS-NOUS PAS TOUS À LA MER?

BIEN, MAIS JE CROIS QU'IL ME FAUT MAINTENANT DES VACANCES!

AH, PEUT-ÊTRE PAS CETTE FOIS, NON... JE N'AI PAS TRÈS ENVIE DE NAGER!

HA! HA! HA! HA! HA!

TU RESTES TOUJOURS LE MÊME FROUSSARD, GERONIMO!

CHERS AMIS RONGEURS, À BIENTÔT, POUR DE NOUVELLES AVENTURES... DES AVENTURES AU POIL, ÉCRITES PAR STILTON...

Geronimo Stilton!